La clef magique

Anne Didier est née en 1969. Professeur de français, il lui tenait à cœur dans ce métier de donner aux élèves l'envie d'écrire des histoires. Après la naissance de ses deux garçons, elle s'est décidée à écrire, elle aussi… pour les enfants.

Du même auteur dans Bayard Poche :
Le trésor du roi qui dort - Les apprentis sorciers - L'épreuve du prince Firmin - Docteur Virus, à ton service ! - Le secret de Papy Louis - La baguette de nuit noire (Mes premiers J'aime lire)
Classe verte sur planète bleue - Enquête chez Tante Agathe - Un visiteur étrange-bizarre - Émilien et le terreau magique - Dans la peau d'un lutin - Bravo, Anatole Latuile ! (J'aime lire)

Benjamin Bachelier est né à Grenoble en 1975. Après avoir étudié aux Beaux-Arts d'Angoulême, il illustre des livres, crée des bandes dessinées et des films d'animation. Il vit et travaille à Paris.

Cinquième édition

Dépôt légal : mars 2008
ISBN : 978-2-7470-2567-6
Loi du 16 juillet 1949 sur les publications destinées à la jeunesse

La clef magique

Une histoire écrite par Anne Didier
illustrée par Benjamin Bachelier

J'aime lire
bayard poche

1
Une vieille dame sur le boulevard

Je revenais de l'école et m'apprêtais à traverser le grand boulevard pour rentrer à la maison, quand j'ai aperçu la vieille dame. Celle-ci trottinait en tirant péniblement derrière elle un cabas à roulettes d'où émergeaient trois bottes de poireaux et plusieurs têtes de radis. Elle s'est arrêtée juste à côté de moi pour s'éponger le front avant de s'engager sur le passage pour piétons.

– Vous voulez un coup de main, madame ? lui ai-je demandé poliment.

– Ce n'est pas de refus, ma petite jeune fille, m'a-t-elle répondu d'une voix chevrotante.

J'ai saisi son cabas et j'ai traversé l'avenue, la vieille dame sur mes talons.

– Dites donc, c'est terriblement lourd ! me suis-je exclamée.

Pour toute réponse, la vieille dame a émis un petit rire qui faisait penser au tintement d'une cuillère sur le bord d'un pot de confiture.

– Si vous voulez, je peux porter votre sac jusqu'à chez vous, ai-je proposé.

La vieille dame a eu l'air soulagée.

– C'est avec plaisir, mademoiselle… mademoiselle ?

– Je m'appelle Florence.

– C'est très gentil de votre part, mademoiselle Florence. J'habite rue des Macarons, au cinquième étage d'un immeuble sans ascenseur.

J'ai suivi la vieille dame et nous sommes arrivées devant un immeuble étroit avec un toit pointu en tuiles roses, qui faisait penser à la tour d'un château perdu en pleine ville.

J'ai monté les escaliers derrière la dame en tirant le cabas. Comment était-il possible que des poireaux et des radis pèsent si lourd ?

– Est-ce que vous transportez votre bouteille de gaz dans votre cabas ? ai-je demandé timidement.

La vieille dame m'a répondu une nouvelle fois par son charmant petit rire.

– Ne vous inquiétez pas, mademoiselle Florence, nous voilà presque arrivées, m'a-t-elle dit en atteignant le dernier palier. Voyons, où sont mes clefs ?

Elle a fouillé dans le cabas.

– Les voilà ! s'est-elle exclamée, en brandissant un trousseau.

Elle a ouvert la porte, m'a fait entrer dans une minuscule pièce ronde puis m'a regardée dans les yeux.

– Demoiselle Florence, votre gentillesse mérite d'être récompensée.

Elle a réfléchi un instant :

– Je peux vous offrir un don, m'a-t-elle proposé. À chaque mot que vous prononcerez, il vous sortira de la bouche une perle ou un pétale de rose.

– Des perles… des pétales de roses…? ai-je demandé, surprise. Comme dans les contes de fées ?

– Exactement comme dans les contes de fées, a dit la vieille dame. Puisque je suis une fée. L'une des dernières fées du 14e arrondissement.

2
Un bric-à-brac magique

Une fée ! J'avais donc aidé une fée à traverser la rue ! Il m'a fallu quelques secondes pour me ressaisir et j'ai bredouillé :

– Euh… des perles et des pétales de rose qui sortent de ma bouche quand je parle, ça ne va pas être très pratique à l'école…

La vieille dame m'a souri d'un air compréhensif :

– Vous avez raison, ça fait un peu vieux jeu ! J'ai peut-être quelque chose de plus adapté à votre situation… Je reviens justement du Salon des fées modernes, et j'ai reçu, comme chacune des autres participantes, une dizaine d'objets magiques à tester dans mon quartier.

Elle s'est penchée au-dessus de son cabas et en a sorti un gel douche d'aspect tout à fait ordinaire.

– Voici par exemple un savon qui rend invisible pendant une heure.

Elle m'a regardée en clignant de l'œil.

– J'ai encore plein d'autres gadgets de ce genre-là… C'est ce fourbi qui pesait si lourd, jeune fille : un diffuseur de rêves agréables à brancher sur une prise électrique, un shampooing pour allonger ses cheveux en quelques secondes… Les organisateurs du Salon prévoient par la suite de commercialiser ces objets pour relancer l'économie féerique parisienne.

La vieille dame a fouillé un moment dans le cabas et en a sorti une clef noire, qui ressemblait à n'importe quelle clef de voiture. Puis elle a ajouté, avec un sourire entendu :

– Certains de ces objets ne sont pas mal du tout. Figurez-vous que cette clef peut vous transporter où vous voulez en un clin d'œil. Il vous suffit d'appuyer sur son bip et d'indiquer votre lieu de destination.

– C'est vrai ? me suis-je exclamée. Même à l'autre bout du monde ?

– Mais oui, mon petit, m'a dit la fée. Si cette clef vous intéresse, prenez-la, vous l'avez bien méritée. Moi, je n'ai plus tellement l'âge de voyager.

Un peu abasourdie, j'ai pris la clef que la fée me tendait. J'ai remercié la vieille dame et j'ai dégringolé les escaliers.

En bas de l'immeuble, un coup d'œil à ma montre m'a tout de suite renseignée. J'avais déjà une demi-heure de retard et Maman devait être très inquiète.

« Si je testais cette clef pour rentrer plus vite à la maison ? me suis-je dit. Ce serait un moyen de voir si elle fonctionne vraiment. »

J'ai appuyé sur le bip et articulé clairement :

– 19, rue de la Volière…

Pour arriver plus discrètement, j'ai ajouté :

– Dans la cour intérieure…

Aussitôt, j'ai entendu un léger bruit de moteur et je me suis sentie aspirée par la vitesse.

Les rues de Paris se sont mises à défiler à toute allure devant moi et j'ai atterri quelques secondes plus tard dans la petite cour de mon immeuble.

– Tiens, tu es là ? m'a dit Maman quand j'ai ouvert la porte. Je ne t'ai même pas vue arriver… Je guettais pourtant à la fenêtre. Tu es en retard, je commençais à m'inquiéter.

J'ai expliqué à ma mère que j'avais raccompagné une vieille dame chez elle, mais j'ai préféré ne rien dire à propos du cadeau qu'elle venait de m'offrir…

3
Me voilà au paradis

Le lendemain, c'était mercredi, il pleuvait à torrents. En allant à mon cours de danse, mon regard a été attiré par une affiche dans la vitrine d'une agence de voyage. *À Bikiniwi, on se croirait au paradis*, disait le slogan tracé dans le sable blanc d'une plage de rêve, où deux grands cocotiers se penchaient dans le soleil couchant.

« Dire qu'avec ma clef magique je suis capable d'être en quelques secondes dans un endroit pareil… », ai-je pensé en regardant l'eau dégouliner sur mon parapluie.

J'ai mémorisé le nom du paradis en question et, après le cours de danse, je me suis enfermée dans ma chambre.

– Bikiniwi, plage de sable blanc, juste sous les cocotiers, ai-je lancé en appuyant sur ma clef.

J'ai décollé sans plus tarder et me suis retrouvée sur le sable moins d'une minute après, en jean, chandail… et chaussons. J'avais oublié, dans ma précipitation, de prendre des vêtements plus adaptés.

J'ai regardé autour de moi. Je me trouvais à l'endroit même où la photo avait été prise. Les cocotiers n'étaient pas très difficiles à reconnaître, vu qu'ils étaient les seuls à des kilomètres à la ronde. Mais le reste de la plage de Bikiniwi ne ressemblait absolument pas au paradis de l'affiche : elle était envahie par des constructions en béton et sentait assez fort les égouts.

Comme je transpirais dans mes vêtements, je me suis approchée prudemment de la mer pour y tremper mes orteils… L'eau était tiède et une sorte d'huile flottait à la surface. En posant le pied, j'ai glissé sur une algue gluante et j'ai réussi à tremper entièrement mon pantalon.

– Retour immédiat dans ma chambre…, ai-je grommelé, après avoir pressé la clef.

Quelques secondes plus tard, j'atterrissais sur ma couette. C'est là que je me suis rendu compte qu'on tambourinait à la porte.

Depuis combien de temps frappait-on ainsi ?

Je me suis changée en vitesse, j'ai lancé mon jean mouillé au fond de mon armoire, et je suis allée ouvrir. Maman était sur le palier, accompagnée de Mamie.

Maman s'est écriée :

– Mais enfin, Florence, pourquoi n'ouvres-tu pas ? Tu écoutes ton walkman à fond ? Cela fait cinq minutes que je frappe à ta porte. Ta grand-mère veut te dire bonjour…

– Heu… excuse-moi, Maman, ai-je bredouillé en me débarrassant discrètement d'une algue restée collée dans mes cheveux. Je ne pouvais pas… enfin, je veux dire… je n'ai absolument rien entendu.

J'ai embrassé Mamie. Tous ces événements m'avaient fait oublier qu'elle venait passer une semaine de vacances chez nous.

4
Le reportage-photo

Le vendredi de cette même semaine, à l'école, on a tiré au sort nos sujets d'exposés. Je suis tombée sur la Chine. Lorsque la maîtresse a insisté pour que l'on collecte un maximum de documents visuels pour le lundi suivant, nous avons tous fait la moue. La perspective de passer notre samedi après-midi à la bibliothèque ne nous enchantait guère. Mais, en revenant à la maison, j'ai eu une idée.

Le lendemain après-midi, j'ai attendu que mes parents partent faire des courses et j'ai sorti ma clef magique. J'avais décidé d'aller faire un grand reportage-photo en Chine. Avant de partir, je suis allée voir Mamie.

Comme elle est de nature curieuse, je lui ai expliqué que j'allais préparer un exposé dans ma chambre et qu'il ne fallait me déranger sous aucun prétexte. Cette fois-ci, j'avais soigneusement préparé mon expédition en mettant dans un sac à dos mes chaussures de marche et un appareil-photo jetable.

De retour dans ma chambre, je me suis assurée que Mamie ne m'espionnait pas derrière la porte, j'ai appuyé sur ma clef et, sur un ton conquérant, j'ai lancé :

– Grande Muraille de Chine.

J'ai vu défiler toutes sortes de paysages à une vitesse folle. Puis, brutalement, alors que je ne m'y attendais absolument pas, la nuit est tombée et j'ai atterri dans l'obscurité la plus complète.

Où étais-je exactement ? J'ai tâtonné à côté de moi, mais il n'y avait que du vide ! J'ai attendu que mes yeux s'habituent à l'obscurité et j'ai soudain réalisé que j'étais en équilibre précaire sur un créneau de la Grande Muraille ! Prise de vertige, je me suis assise. En plein jour, la vue n'aurait pas été mauvaise, car on devinait quelques villages au loin. Mais comme je n'avais pas de flash sur mon appareil jetable, impossible de prendre la moindre photo !

Vite, j'ai appuyé sur ma clef et j'ai dit précipitamment :

– Paris, 19, rue de la Volière, en oubliant de préciser « dans ma chambre ».

Et c'est dans l'entrée de notre appartement que ma grand-mère m'a découverte quelques secondes plus tard.

Mamie s'est exclamée :

– Tiens ! Tu es là ! Je croyais que tu préparais ton exposé ?

Encore sous le choc, j'ai bredouillé lamentablement :

– J'ai oublié le décalage horaire… euh… je veux dire que…

– Florence, tu me caches quelque chose, a dit ma grand-mère.Tu t'apprêtais plutôt à filer en douce, non ?

– Non…

– Et c'est quoi ce sac à dos ? a-t-elle poursuivi. Et que tiens-tu dans tes mains ?

J'étais obligée de lui montrer la clef magique.

Mamie l'a serrée dans sa main et m'a regardée dans les yeux :

– Florence ! Dis-moi la vérité, tu…

Je n'ai même pas eu le temps d'entendre la fin de la question. Ma grand-mère a disparu dans un bruit de moteur très reconnaissable !

Quand mes parents sont rentrés des courses, je n'étais pas très fière... J'ai été obligée de leur annoncer la disparition de Mamie, et j'ai tout avoué d'un bloc : le cadeau de la fée, mon voyage raté à Bikiniwi et ma toute récente expédition en Chine.

Mes parents m'écoutaient avec des yeux exorbités.

– Dis-moi que je rêve, a répété plusieurs fois ma mère d'une voix blanche.

Papa l’a coupée d’un ton sec pour demander :

– Mais alors, Florence, peux-tu nous dire où est ta grand-mère ?

– Eh… bien… à Florence, justement, ai-je expliqué. Elle a prononcé mon prénom juste après avoir appuyé sur le bip.

– À Florence, en Italie ? s’est écriée Maman. Mais c’est affreusement loin !

Papa a grogné :

– Eh bien, en voiture… Nous devons nous rendre à Florence le plus vite possible.

5
À Florence

Nous avons roulé toute la soirée et une bonne partie de la nuit du samedi. Papa était d'une humeur massacrante et n'a pas cessé de me répéter :

– Et si jamais j'arrive en retard au bureau, lundi matin… c'est toi qui iras expliquer tout cela à mon chef, Florence. Lundi, j'ai une des réunions les plus importantes de l'année.

Nous sommes arrivés à Florence lorsque le jour se levait.

– Comment faire pour retrouver Mamie ? a demandé Maman.

– Autant chercher une aiguille dans une botte de foin, a grogné Papa.

– *Centro !* a dit Maman en désignant un panneau. Ça veut sûrement dire « centre-ville ». Le mieux est de nous y rendre et de chercher la gendarmerie.

Nous avons emprunté une série de rues désertes en essayant de suivre les indications… mais, un quart d'heure plus tard, nous étions perdus. Nous avons ensuite tourné un bon moment avant d'arriver sur une avenue plus fréquentée.

– Un policier ! s'est exclamée Maman en nous montrant un agent qui faisait la circulation près d'un feu.

Papa s'est garé et il est allé discuter une dizaine de minutes avec le policier en faisant de grands gestes. De retour dans la voiture, il nous a annoncé fièrement :

– Si j'ai bien compris, ce carabinier* a entendu parler de l'atterrissage de Mamie... Il m'a expliqué qu'il y avait une « mamma del cielo », place Ottaviani... à quelques pas d'ici.

Nous avons marché jusqu'à la place en question. Malheureusement, celle-ci était absolument vide. Soudain, Maman s'est exclamée :

– La Mamma del cielo ! Regardez, ce n'est pas Mamie... c'est le nom de ce magasin de glaces, en face !

* Carabinier : gendarme en Italie.

Papa a regardé l'enseigne de la boutique, l'air furieux. Lui et l'agent ne s'étaient visiblement pas très bien compris !

Maman a proposé :

– Eh bien, essayons de trouver quelqu'un pour nous indiquer l'adresse du commissariat.

Nous avons pris une rue à gauche de la place et nous sommes bientôt arrivés devant le parvis d'une gigantesque église. Un groupe de touristes y était attroupé et regardait en direction du toit.

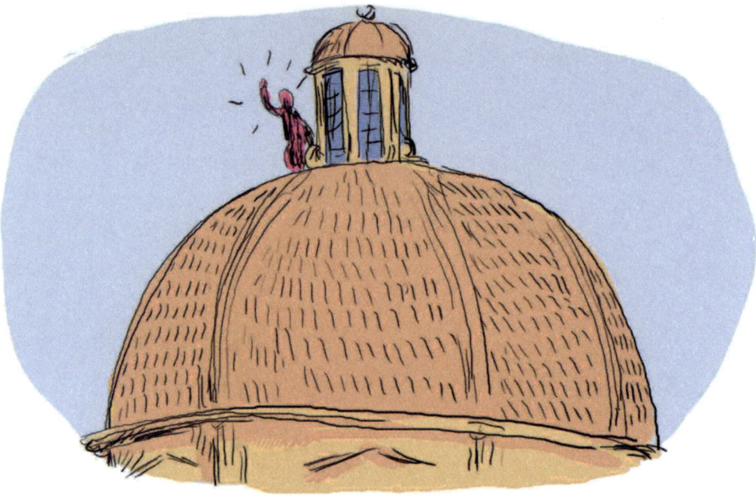

Maman s'apprêtait à interroger un monsieur qui avait le nez en l'air, quand j'ai soudain compris la cause de cet attroupement. Tout en haut du dôme de l'église, se trouvait… la pauvre Mamie ! Elle agitait sa main à la façon de la reine d'Angleterre.

D'un air recueilli, le monsieur au nez en l'air nous a dit :

– *E un apparizione! Un miracolo del cielo !**

– Mais non ! a crié Maman, qui venait elle aussi d'apercevoir Mamie. Ce n'est pas un miracle du ciel, c'est ma belle-mère !

* C'est une apparition ! Un miracle du ciel !

Il nous a fallu ensuite expliquer à tout le monde que Mamie n'était pas une sainte apparition et qu'elle avait besoin d'une échelle pour descendre du toit de l'église…

Enfin, vers midi, grâce à l'intervention d'une vingtaine de pompiers italiens, Mamie a pu retrouver la terre ferme.

Elle s'est jetée dans nos bras en murmurant :

– Quelle aventure ! J'ai bien cru que j'allais passer le restant de mes jours sur le toit de cette église !

6
Papa se fâche

Nous avons regagné la voiture. Papa n'était pas de meilleure humeur. Heureusement, Mamie s'est remise rapidement de ses émotions et elle nous a beaucoup distraits en nous racontant en détail comment elle avait réussi à s'endormir en utilisant l'une de ses chaussures comme oreiller…

Elle a sorti la clef magique de sa poche.

– C'est dommage que je n'aie pas réussi à faire fonctionner cette petite clef pour descendre de mon perchoir, a-t-elle fini par dire. Florence, il faudra que tu m'expliques précisément son mode d'emploi… Je retournerais volontiers en Italie.

– Il n'en est pas question ! a hurlé Papa. Florence rendra cette clef à la vieille dame irresponsable qui la lui a donnée, et je ne veux plus en entendre parler.

Papa a pris la clef des mains de Mamie et il a ajouté :

– Pour l'instant, c'est moi qui vais la garder !

Le lundi matin, Maman m'a réveillée plus tôt que d'habitude pour que nous allions rendre la clef à la fée. Nous avons grimpé les cinq étages de son immeuble et toqué à sa porte. La vieille dame est venue ouvrir, un peu surprise. Maman lui a tendu la clef et lui a expliqué rapidement nos mésaventures.

– Je suis désolée pour tous ces désagréments, a murmuré la fée.

Elle s'est soudain interrompue :

– Mais ! Ce n'est pas la bonne clef. Celle-ci ne porte pas l'estampille* des objets magiques !

Maman et moi, nous nous sommes regardées, effarées.

– Papa a inversé les clefs ! me suis-je écriée.

Nous avons couru jusqu'à la maison. Alors que nous arrivions à l'angle de notre rue, nous avons aperçu Papa qui essayait d'ouvrir la voiture en appuyant sur sa clef.

* Estampille : empreinte qui indique que le produit n'est pas une imitation.

Il a grogné :

– La réunion ! Il ne manquerait plus que je sois en retard à la réunion la plus importante de…

– Papa, lâche cette clef ! ai-je hurlé.

Trop tard, il s'était envolé…

– Oh misère ! s'est exclamée Maman. Où a-t-il bien pu disparaître ?

– Dans l'océan Indien, sur l'île de la Réunion, j'en ai peur…, ai-je répondu.

Achevé d'imprimer en octobre 2011 par Pollina - L58653A
Imprimé en France